CATALOGUE

D'UNE INTÉRESSANTE COLLECTION

D'OBJETS D'ART

ET DE CURIOSITÉ

Belles Faïences de Rouen et autres;
Objets en fer;
Miniatures; Bijoux; Porcelaines; Chenets Louis XIII en bronze;
Beaux Meubles et Panneaux en bois sculpté du xvie siècle,
Canapés et Fauteuils du temps de Louis XIV garnis en étoffes anciennes;
Vitrines, Bibliothèques, Bureaux, etc.;
Belles Tapisseries du xvie siècle et du temps de Louis XIV;
Objets variés

PROVENANT DU CABINET DE M. ***

DONT LA VENTE AURA LIEU

HOTEL DROUOT, SALLE N° 5

Le Mercredi 21 Mars 1866

A UNE HEURE ET DEMIE

Par le ministère de Me **CHARLES PILLET**, Commissaire-Priseur,
rue de Choiseul, n° 11.

Assisté de MM. **MANNHEIM**, Experts, rue de la Paix, 10,

Chez lesquels se distribue le présent Catalogue.

EXPOSITION PUBLIQUE

Le Mardi 20 Mars 1866, de une heure à cinq heures.

CONDITIONS DE LA VENTE

Elle sera faite au comptant.

Les adjudicataires payeront *cinq pour cent* en sus des enchères.

L'exposition mettant le public à même de se rendre compte de l'état des objets, il ne sera admis aucune réclamation une fois l'adjudication prononcée.

Paris. — Imprimerie de PILLET fils aîné, rue des Grands-Augustins, 5

Vente du Mercredi 21 Mars 1866.

OBJETS D'ART

FAÏENCES

TAPISSERIES

PROVENANT DU CABINET DE M***

EXPOSITION PUBLIQUE

Le Mardi 20 Mars 1866.

DE UNE HEURE A CINQ.

Mᵉ Ch. PILLET, Commissaire-Priseur

MM. MANNHEIM, Experts

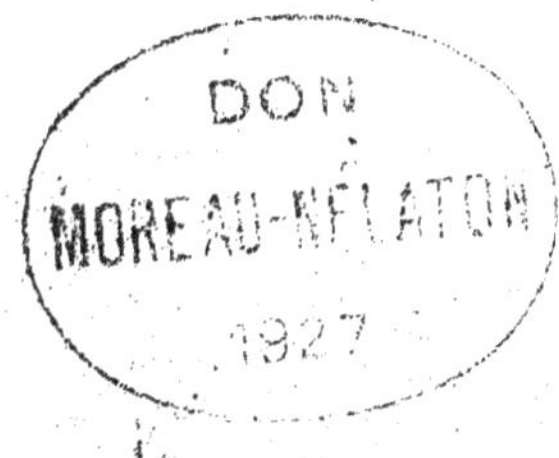

PARIS. — IMPRIMERIE PILLET FILS AÎNÉ
5, RUE DES GRANDS-AUGUSTINS

DÉSIGNATION

DES OBJETS

Meubles

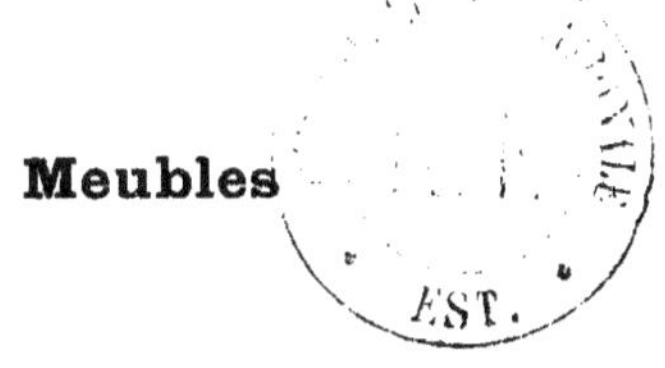

1 — Magnifique canapé en bois sculpté, garni en brocatelle jaune et rouge ancienne. Époque Louis XIII.

2 — Tabouret garni de velours de Gênes et guipure en fin. Époque Louis XIII.

3 — Chaise en bois sculpté cannée. Époque Louis XIII.

4 — Neuf chaises en bois sculpté. Époque Louis XIV.

5 — Grand fauteuil du temps de Louis XIV, garni en tapisserie.

6 — Grand fauteuil du temps de Louis XIV, avec sa garniture en soie jaune ancienne et tissée en fin.

7 — Grand fauteuil Louis XIV en bois de noyer sculpté, avec entre-jambes. Il est garni en velours de Gênes à fleurs rouges sur fond blanc.

8 — Tabouret Louis XIV en bois sculpté, garni en damas de soie rouge.

9 — Deux chaises ; siége et dossier en cuir gaufré

10 — Chaise ancienne en bois de noyer.

11 — Chaise ancienne en bois de noyer, garnie en velours de Gênes ciselé.

12 — Petit canapé et deux chaises en bois sculpté, garnis de tapisseries. Époque Louis XVI.

13 — Deux chaises en loupe de noyer sculpté. Époque Louis XIII.

14 — Joli meuble à deux corps, à quatre portes et tiroirs, en bois de noyer sculpté, à figures, mascarons et ornements. Il est enrichi d'incrustations de marbre. XVIe siècle.

15 — Crédence en bois de noyer à deux portes, à sculptures très-délicates et incrustations de marbre. XVIe siècle.

16 — Cabinet en bois d'ébène à moulures guillochées. Époque Louis XIII.

17 — Deux escabeaux italiens, bois sculpté et doré en partie. xvıe siècle.

18 — Huit grands panneaux à personnages, en chêne sculpté du temps de Louis XII et provenant de stalles d'église. Ces sculptures, un peu fatiguées, sont du plus grand style de la fin du xve siècle.

19 — Deux panneaux en bois de noyer sculpté, à figures et ornements. Époque Henri II.

20 — Deux portes de crédence en bois de chêne sculpté. Époque de Louis XII.

21 — Deux portes de crédence en bois de noyer sculpté. Époque Henri II.

22 — Deux panneaux d'ornements en chêne sculpté. xvıe siècle.

23 — Grand panneau d'ornement en noyer sculpté. xvıe siècle.

24 — Deux panneaux de porte en noyer, décorés d'arabesques d'or. Ces deux pièces intéressantes proviennent du château d'Écouen et portent le chiffre et les armes d'Anne de Montmorency.

25 — Armoire à deux portes, en marqueterie de bois à fleurs, trophées et ornements, garnie de bronzes dorés. Les portes sont vitrées dans le haut. Dessus en marbre blanc. Époque Louis XVI.

26 — Petite bibliothèque en bois noir incrusté de filets de cuivre, et à deux portes vitrées.

27 — Grand bureau Louis XV à dos-d'âne, en marqueterie de bois à fleurs de couleurs sur fond bois violet.

28 — Petit cabinet vénitien en bois noir, à décor d'or et incrustations d'albâtre.

29 — Très joli cadre du temps de Louis XIV, en bois sculpté et doré, à fleurs et ornements.

30 — Commode du temps de Louis XIV à trois tiroirs, en marqueterie de bois violet et bronzes dorés.

31 — Joli bureau-toilette, du temps de Louis XVI, en bois d'acajou à moulures en cuivre. Ce meuble est signé : D. L. Ancellet.

32 — Panneau en bois sculpté. Époque Louis XVI.

33 — Écran en bois doré, garni de tapisserie. Époque Louis XV.

34 — Deux chaises en bois sculpté. Époque Louis XV.

35 — Deux chaises en bois sculpté. Époque Louis XVI.

36 — Coffret en marqueterie d'ivoire et ébène. Travail vénitien du XVIᵉ siècle.

37 — Joli petit bureau à dos-d'âne, en bois d'ébène enrichi
d'incrustations d'ivoire gravé à fleurs et ornements. Il est
garni en argent.

38 — Boîte en laque noir, à décor d'oiseaux, intérieur aven-
turiné.

39 — Petite horloge en bois noir rehaussé d'ornements dorés.
Époque Louis XIII.

40 — Vitrine à deux corps en bois noir, portes et côtés vitrés.

41 — Vitrine plate en fer, garnie de glaces sur les cinq faces.
Elle est disposée pour être placée sur une table.

42 — Deux petites consoles en bois sculpté et doré.

43 — Deux consoles en bois sculpté à volutes.

Tapisseries

44 — Belle tapisserie de la fin du XVᵉ siècle, représentant la
Descente de croix. Cette pièce capitale, qui est rehaussée
de parties tissées en fin, a figuré au Musée rétrospectif.

45 — Très-belle et grande tapisserie du temps de Louis XIV ; elle présente un sujet mythologique à figures de femmes, et sa bordure se compose de figures fantastiques, de sphinx, de mascarons et d'enroulements en couleurs sur fond blanc.

Cette tapisserie est remarquable par la fraîcheur de son coloris et l'élégance de l'ornementation de son encadrement. Haut., 3 mètres 45 cent.; larg., 5 mètres 20 cent.

46 — Portière du temps de Louis XIII, en tapisserie fond bleu semée de fleurs de lis, et présentant à sa partie supérieure les armes de France et de Navarre surmontées de la couronne royale.

47 — Belle garniture de lit en velours de Gênes, à fleurs et ornements en couleurs sur fond blanc. Elle se compose de seize morceaux, parmi lesquels se trouve le couvre-pieds.

Faïences

48 — Jardinière porte-bouquets en ancienne faïence de Rouen, décor genre de Marseille, à figures en couleurs et or. Signée au revers : *Va. Vasseur à Rouen*. Pièce très-rare.

49 — Grand et beau plat, en ancienne faïence de Rouen, à décor polychrome. Il présente un dragon fantastique de style chinois.

50 — Plateau octogone sur piédouche en ancienne faïence de
Rouen, à décor d'ornements en bleu et rouge.

51 — Plateau analogue à celui qui précède. Il est décoré de
guirlandes en rouge et bleu.

52 — Autre plateau en ancienne faïence de Rouen, à décor
de style chinois.

53 — Plat en ancienne faïence de Rouen, décor polychrome à
la corne.

54 — Aiguière forme casque, en faïence de Rouen, à décor
en camaïeu bleu.

55 — Aiguière analogue à celle qui précède.

56 — Deux assiettes en faïence de Rouen, décor à guirlandes
en rouge et bleu.

57 — Poudrière en ancienne faïence de Strasbourg, à sujet de
chasse.

58 — Deux vases, modèle gourde, en ancienne faïence de
Rouen, à décor de fleurs et d'ornements en camaïeu bleu.

59 — Petite cruche en faïence de Nevers, décorée de fleurs en
camaïeu jaune sur fond bleu de Perse.

60 — Deux plats en faïence de Moustiers; l'un d'eux à décor en camaïeu dans le style de Berain, et l'autre à décor en couleurs dans le style de Callot.

61 — Jolie coupe ronde à bossages en faïence d'Urbino, à décor d'ornements en couleurs sur fond bleu et présentent au centre un buste d'homme. Cadre en bois sculpté, doré en partie.

62 — Plat en faïence de Castelli, représentant David devant Saül.

63 — Autre plat, à sujet de chasse.

64 — Broc en terre émaillée de Munich, présentant en relief les bustes des Électeurs. Ces figures sont décorées en couleurs sur fond bleu.

Porcelaines

65 — Belle garniture de cinq vases à couvercles de forme carrée, en ancienne porcelaine du Japon, à décors de fleurs en bleu. rouge et or.

66 — Deux soupières en porcelaine du Japon, sur pieds en bois de fer.

67 — Gobelet en ancienne porcelaine de Saxe, à décor d'or de style chinois et ornements en relief.

68 — Garniture de trois pièces : petit vase en porcelaine de Mayence, à médaillons jeux d'enfants en camaïeu, et deux flambeaux en forme de vase, en porcelaine de Berlin, à bustes et draperies en relief.

69 — Cafetière en porcelaine de Frankenthal, à décor de fleurs.

Bronzes

70 — Deux beaux chenets Louis XIII, en cuivre, à vase ovoïde reposant sur un socle orné de mascarons en relief.

71 — Deux petits chenets de même époque, ornés de fleurs de lis.

72 — Petit lustre flamand à six lumières en cuivre ; il est surmonté d'une couronne. Époque Louis XIII.

73 — Plat ovale en cuivre argenté repoussé, à bustes et ornements découpés à jour.

74 — Le Christ flagellé. Groupe de trois figures en bronze du temps de Louis XIV ; sur socle en marbre jaune de Sienne.

75 — Jardinière en cuivre repoussé à groupes de fruits et de fleurs. Ses chaines de suspension sont surmontées d'une couronne.

76 — Petit mortier en métal de cloche ; il présente les bustes de Henri IV, Louis XIII, Bassompierre, et des fleurs de lis en relief.

Fers et Objets variés

77 — Belle clef en fer ciselé, composée de deux cariatides d'animaux fantastiques reposant sur un chapiteau corinthien. XVIᵉ siècle.

78 — Clef en fer ciselé à rinceaux et mascarons. Cette pièce est garnie d'un cachet aux armes de la famille Colona.

79 — Belle garde d'épée en fer ciselé, à figures, dauphins et ornements, sur fond damasquiné en or. Époque Louis XIV.

80 — Trois clefs de chambellan, dont une en fer doré, les deux autres en bronze.

81 — Deux cachets en fer damasquiné d'argent. L'un d'eux forme marteau, et l'autre est garni d'une cassolette.

82 — Applique porte-lumière, en fer repoussé, présentant l'écusson de France. La branche se compose d'enroulements et de fleurons.

83 — Mouchettes en fer gravé et cuivre, portant la date de 1613.

84 — Étui à ciseaux en maroquin rouge, à ornements dorés. Travail du xvie siècle.

85 — Étui à ciseaux en fer gravé, xvie siècle.

86 — Grand couteau à manche d'ivoire et à deux lames, l'une en argent, l'autre en acier.

87 — Légumière en étain.

88 — Plat en étain.

89 — Balance de changeur. Travail très-fin du xvie siècle.

90 — Clef en fer.

91 — Entrée de serrure en fer gravé et cuivre; sur la plaque, le Christ en croix. Travail très-curieux de la fin du xve siècle. (Musée rétrospectif.)

92 — Plaque en émail de Limoges, de forme carré long, présentant sur chacune de ses faces un médaillon avec personnages et des ornements en couleurs. Époque Louis XIII.

93 — Deux figurines en bois peint et doré, xve siècle.

94 — Petit cadre de miniature avec deux cariatides en cuivre doré, xvie siècle.

95 — Médaillon en plomb. Buste de Stanislas, roi de Pologne. STANISLAUS. D. G. REX. POL. MAG. DUX. LITHUAN. LOTH. ET BARRI.

96 — Amorçoir en buis sculpté, à bustes et ornements. Époque Louis XIII.

97 — Tabatière en buis sculpté, à sujets saints.

98 — Saint Jean assis dans un paysage. Sculpture en albâtre, dans un cadre Louis XVI, en bois sculpté.

Miniatures et Bijoux

99 — Portrait de jeune homme, en costume Louis XIII. Belle peinture à l'huile et sur cuivre, attribuée à Terburg.

100 — Miniature à l'huile sur cuivre. Portrait d'un prince allemand.

101 — Petite miniature ancienne, d'après Rubens.

102 — Trois petites peintures anciennes, représentant l'Enfant prodigue.

103 — Miniature à l'huile. Personnage inconnu.

104 — Petite miniature ovale à l'huile. Portrait de femme du temps de Louis XIV. Cadre en bois doré très-finement sculpté.

105 — Peinture à l'huile sur cuivre. Épisode de bataille. Composition très-fine du temps de Louis XIV.

106 — Petit tableau de l'École flamande. Jeune femme accroupie, en costume noir et coiffure rouge.

107 — Deux petits tableaux ovales à sujets de sainteté. Cadres en bois sculpté et doré.

108 — Hochet en argent doré, à ornements à consoles.

109 — Deux couteaux à manches en porcelaine tendre, bleu turquoise, et fleurs et monture en vermeil.

110 — Lorgnette en cuivre doré, présentant au pourtour les portraits peints en miniature de P. Corneille, Crébillon, Voltaire, Regnard, Panard, La Chaussée.

111 — Petit berceau en filigrane d'argent de Gênes.

112 — Bracelet en ambre, monté en argent doré. XVIIe siècle.

113 — Un lot de cristaux de roche.

114 — Encrier ancien en argent, avec plume en vermeil et porte-crayon; dans son étui en galuchat.

115 — Deux émaux ovales. peints à armoiries et montés en filigrane d'argent.

116 — Étui à ouvrage vénitien, en cuivre gravé et doré. Pièce très-intéressante du xvie siècle.

117 — Montre en émail peint, avec personnages d'après Coypel. Époque Louis XIV.

118 — Couvert à manches en filigrane d'argent ornés de grenats. Époque Louis XIII.